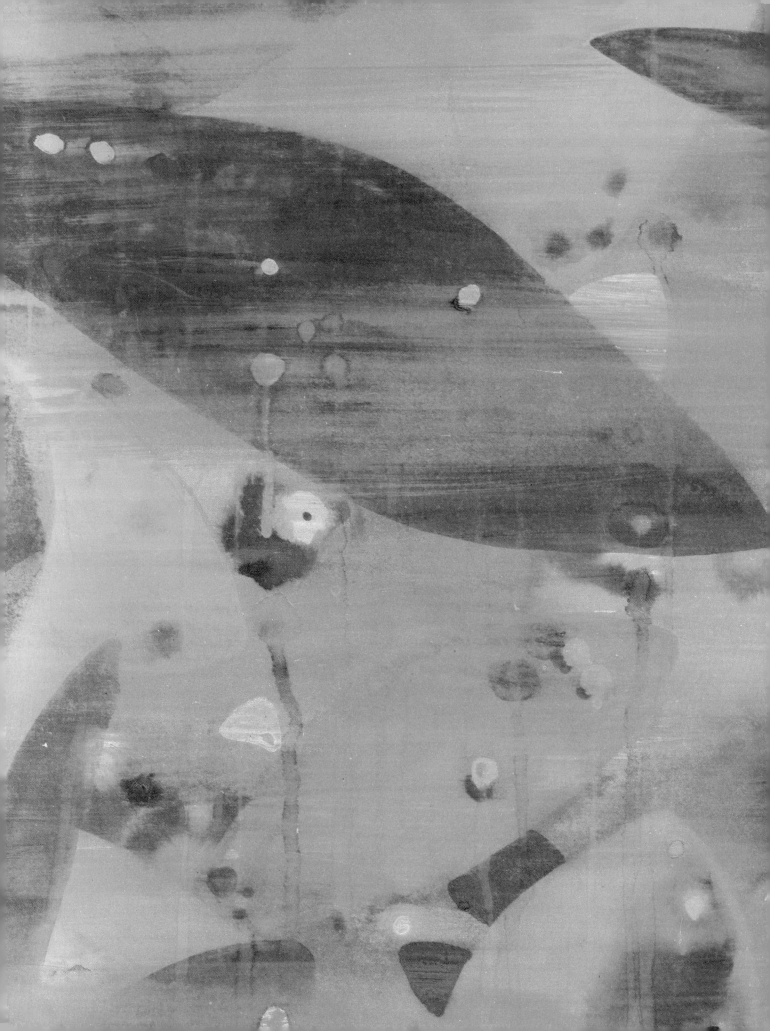

Also by Helen Cowcher
ANTARCTICA

Text copyright © 1988 by Helen Cowcher.
Spanish translation © 1992 by Scholastic Inc.
All rights reserved. Published by Scholastic Inc., 730 Broadway,
New York, NY 10003, by arrangement with Farrar, Straus & Giroux.
Printed in the U.S.A.
ISBN 0-590-46274-1

17 16 15 14 13 12   40   06 05 04

EL BOSQUE TROPICAL

HELEN COWCHER

SCHOLASTIC INC.
New York Toronto London Auckland Sydney

En el bosque tropical habitan muchos animales. Los perezosos, los osos hormigueros, los tapires y las mariposas Morfo azules.

Los tucanes, las guacamayas y los monos
viven en el dosel del bosque.
Hay abundante alimento y agua para todos
los animales, tanto para los que habitan
en los árboles como en la tierra.

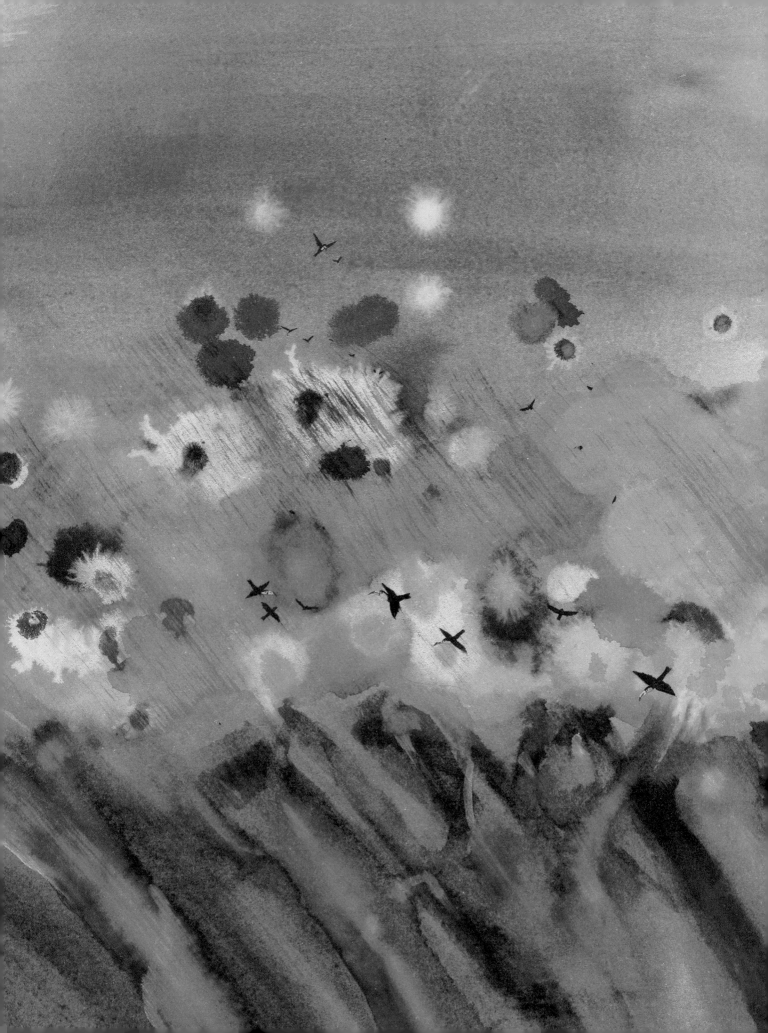

Pero un día en el bosque hubo una gran alarma.

Desde lejos llegó una historia aterradora.

Los pájaros habían perdido su morada.
¡Todos los árboles se habían caído!

El tucán escuchó la noticia y tuvo un mal presentimiento.

El perezoso también estaba preocupado:
había sentido el retumbar del bosque.

El extraño olor que arrastraba el viento, hizo que las mariposas morfo revolotearan sobre las copas de los árboles. Las guacamayas también percibieron el malestar en el ambiente.

Los osos hormigueros abandonaron
su búsqueda de hormigas
y se refugiaron en la maleza.

Los tapires se internaron en el bosque.

El mono aullador emitió un grito de advertencia
a sus semejantes. Lo escucharon
desde muy lejos.

El jaguar rugió con furia, en tanto corría velozmente
por entre los árboles. Los animales se
estremecieron: el jaguar era el ser más poderoso del
bosque tropical.

Pero algo aún más poderoso amenazaba su mundo.

¡Máquinas!
¡Talando y destruyendo!

El jaguar escuchó
una voz que le decía:
"¡Ve a lo alto del bosque!"
...y le repetía:
"¡Sube a la cima!"

Cuando llegaron las lluvias, los animales continuaban
abriéndose paso hacia lo más alto del bosque.
Lo hacían impulsados por el miedo.

¡Entonces comenzaron las inundaciones! Y como no quedaban árboles para evitar la erosión de la tierra, los ríos se desbordaron... ¡y arrastraron las Máquinas!

Pero los animales del bosque tropical estaban a salvo.

Desde lo alto, los animales observaron
las turbulentas aguas,
los troncos de los árboles tronchados
y las lodosas riberas, y se preguntaban
hasta cuándo los árboles en la cima
estarían allí para protegerlos.